ほどよいレベルで弾ける
保育者のためのピアノ&童謡曲60

編 著
新海 節　田中 宏明

はじめに

　幼稚園教諭や保育士の技術として、ピアノ演奏や弾き歌いの技術は欠かせないものです。教育、保育現場では子どもたちと一緒に歌を歌ったり、音楽を用いた遊びをしたりと、多くの場面で保育者自身の音楽表現が必要とされます。

　そのような背景を踏まえ、保育者養成校ではピアノを学ぶ授業が設定されており、学生は熱心に歌やピアノを学んでいます。

　しかし、近年では、保育者養成校に入学してくるピアノ未経験の学生の増加や、歌唱や器楽演習の科目数の減少により、ピアノや弾き歌いを学ぶ時間が充分には確保できなくなってきています。そのため、短期間で学生が勉強できるよう、簡易楽譜やコードネームを主体としたピアノテキストなど、保育者養成校で用いられる多くの曲集を見ることができます。

　本書もそのような、保育者養成校で用いる為に作成された曲集ですが、本書の特徴は2点ほどあります。

　まず1点目は、多くのピアノ小品を含み、初心者から中上級者にも対応した選曲になっているという点です。保育者養成校で用いられているピアノテキストは、その多くが初心者向けのものが多く、幅広いレベルと、スタイルをカバーしたピアノテキストはなかなか見当たりません。本書では、バロックから近現代までのピアノ曲から、指のメカニックを鍛える練習曲、ポリフォニーを学ぶための曲、古典形式を学ぶための曲、音楽的表現力を養うための曲など、様々な視点から効果的にピアノを学ぶことができるよう、厳選した40曲ほどのピアノ曲を掲載しています。

　2点目は、教育、保育現場でよく用いられている20曲程の子どもの歌のアレンジ楽譜を掲載している点です。ピアノテキストと同様、唱歌や童謡などの子どもの歌の曲集も非常に多くの数が出版されています。そのような曲集は原曲で掲載されているものも多く、難易度的にその楽譜を用いて弾き歌いをすることが困難な場合もあります。この点を解消するために、上記のように現場でよく用いられている子どもの歌20曲ほどの編曲を行い、ほど良いレベルで弾き歌いができるよう配慮しました。このように、本書は子どもの歌の曲集のサブテキストとしての機能も兼ね備えています。

　保育者としてのピアノ演奏技術、弾き歌いの技術の向上に、本書が役立つことを心より願っております。

編著者　　新海　節　　田中　宏明

もくじ

ピアノ曲編

ピアノを弾くまえに・・・・・・・・・・・・・・・8

1. バイエルピアノ教則本より
   - 4番 6番 7番 14番・・・・・・・・・10
   - 16番 26番 29番・・・・・・・・・・11
   - 31番 38番 39番・・・・・・・・・・12
   - 40番 48番 66番・・・・・・・・・・13
   - 100番 104番・・・・・・・・・・・14
2. かわいいおともだち（シュワテル）・・・・・16
3. グレーの小さなロバ（ギロック）・・・・・・17
4. すなおな心（ブルグミュラー）・・・・・・・18
5. アラベスク（ブルグミュラー）・・・・・・・19
6. 無邪気（ブルグミュラー）・・・・・・・・・20
7. 小さなロマンス（グルリット）・・・・・・・21
8. タンブラン（レヴィ）・・・・・・・・・・・22
9. 兵士の行進（シューマン）・・・・・・・・・24
10. 小曲（シューマン）・・・・・・・・・・・25
11. フラメンコ（ギロック）・・・・・・・・・26
12. メヌエット（クリーガー）・・・・・・・・28
13. メヌエット（伝バッハ）・・・・・・・・・29
14. 小フーガ（ローレイ）・・・・・・・・・・30

コラム：ピアノ演奏を楽しむ・・・・・・・・・31

15. すみれ（ストリーボック）・・・・・・・・32
16. トッカティーナ（カバレフスキー）・・・・34
17. 舞踏の時間に（リヒナー）・・・・・・・・36
18. 秋のスケッチ（ギロック）・・・・・・・・38
19. 行進曲（プロコフィエフ）・・・・・・・・40
20. バラード（ブルグミュラー）・・・・・・・42

21. タランテラ（ブルグミュラー）・・・・・・・・・・・・・・・・・・・・	44
22. 貴婦人の乗馬（ブルグミュラー）・・・・・・・・・・・・・・・・・・	46
23. ツェルニー リトルピアニストより 　　24番51番・・・・・・・・・・・・・・・・・・・・・・・・・・・・・・・・・	48
24. ツェルニー100番練習曲より47番・・・・・・・・・	49
25. 紡ぎ歌（エルメンライヒ）・・・・・・・・・・・・・・・・・・・・・・	50
26. ソナチネ op.36-1 第1楽章（クレメンティ）・・・・・	53
27. ソナチネ No.5 第1楽章（ベートーヴェン）・・・・・	54
28. ソナタ op.49-2 第1楽章（ベートーヴェン）・・・・・	55
29. ソナチネ op.55-1 第1楽章（クーラウ）・・・・・・・	58
30. ソナチネ op.20-1 第1楽章（クーラウ）・・・・・・・	60
31. ソナチネ op.36-2 第1・2楽章（クレメンティ）・・	62
32. ソナタ K.545 第1楽章（モーツァルト）・・・・・・・	64
33. 荒野のバラ（ランゲ）・・・・・・・・・・・・・・・・・・・・・・・・	68
34. 野バラに寄せて（マグダウェル）・・・・・・・・・・・・・・	72
35. ジプシーの踊り（リヒナー）・・・・・・・・・・・・・・・・・・	74
36. エリーゼのために（ベートーヴェン）・・・・・・・・・・	78
37. 小さな黒人（ドビュッシー）・・・・・・・・・・・・・・・・・・	81
38. ワルツ イ短調 遺作（ショパン）・・・・・・・・・・・・・・	84
39. ポロネーズ ト短調 遺作（ショパン）・・・・・・・・・・	86
40. ワルツ「告別」（ショパン）・・・・・・・・・・・・・・・・・・	88
コードネームを用いた伴奏づけ・・・・・・・・・・・・・・・・・・・・・・・・・	92
コードネームを用いた伴奏づけ練習・・・・・・・・・・・・・・・・・・・・	93

童謡曲編

歌唱について ・・・・・・・・・・・・・・・・・・・・・・・100
1. アイアイ ・・・・・・・・・・・・・・・・・・・・・・・104
2. アイスクリームのうた ・・・・・・・・・・・・・・・・・106
3. あわてんぼうのサンタクロース ・・・・・・・・・・・・・108
4. 一ねんせいに なったら ・・・・・・・・・・・・・・・・110
5. いぬのおまわりさん ・・・・・・・・・・・・・・・・・・112
6. うれしいひなまつり ・・・・・・・・・・・・・・・・・・114
7. 大きな古時計 ・・・・・・・・・・・・・・・・・・・・・116
8. おかあさん ・・・・・・・・・・・・・・・・・・・・・・118
9. おつかいありさん ・・・・・・・・・・・・・・・・・・・119
10. おなかの へる うた ・・・・・・・・・・・・・・・・・120
11. おはよう の うた ・・・・・・・・・・・・・・・・・・121
12. おんま は みんな ・・・・・・・・・・・・・・・・・・122
13. ことりのうた ・・・・・・・・・・・・・・・・・・・・・124
14. そうだったらいいのにな ・・・・・・・・・・・・・・・・125
15. さよならのうた ・・・・・・・・・・・・・・・・・・・・126
16. たなばたさま ・・・・・・・・・・・・・・・・・・・・・128
17. どんぐり ころころ ・・・・・・・・・・・・・・・・・・129
18. ちいさい秋みつけた ・・・・・・・・・・・・・・・・・・130
19. とんでったバナナ ・・・・・・・・・・・・・・・・・・・132
20. バスごっこ ・・・・・・・・・・・・・・・・・・・・・・134
21. ふしぎなポケット ・・・・・・・・・・・・・・・・・・・136
22. ゆりかごのうた ・・・・・・・・・・・・・・・・・・・・137
23. もりの くまさん ・・・・・・・・・・・・・・・・・・・138
保育と音楽表現 ・・・・・・・・・・・・・・・・・・・・・140
編著・執筆者紹介 ・・・・・・・・・・・・・・・・・・・・142

ピアノ曲編

■ピアノを弾くまえに

　ピアノはヴァイオリンやトランペットと違い、誰でも容易に音を出すことができます。しかしながら、ある程度弾きこなすまでには相当な時間と訓練が必要です。もし初心者の方であっても、無理のない合理的な弾き方を身につけると短期間で上達します。そのためのポイントを次の5つの項目にまとめてみます。

1. 椅子の座り方
　ピアノの鍵盤に向かって中央に座ります。深く腰掛け過ぎず、座面の半分から前側に座ります。椅子の背もたれには寄りかからずに。背筋は伸ばし、やや前傾姿勢を取って座ると、重心が安定し、鍵盤に効率よく力がかかりやすくなります。座った時、上体と鍵盤との距離が近すぎると、脇が締まって肩が上がったり、動作が制限されてしまうので、手を鍵盤に置いた時に前腕と上腕が作る角度が90度よりもやや広めの角度になるのが目安です。ピアノとの理想的な距離は、鍵盤の一番手前と床を結んだ垂直ライン上に膝頭が軽くかかる程度がちょうどよいでしょう。

2. 手の形
　手の甲を鍵盤に対し水平に置きます。手でかるく「グー」を作り、ゆっくり開いて手のひらにテニスボール大の空間を作ります。打鍵の際は、指の付け根を意識してボールをつかむように動かすと、手首がぶれずタッチが安定します。この時、爪が長いと指が伸びてしまい、鍵盤に正しく力が伝わりにくくなってしまいます。また、爪が鍵盤と鍵盤との隙間に引っ掛かりケガをすることもあるため、ピアノを弾く際にはきちんと爪を切っておきましょう。

3. 指づかい
　指使いは演奏者の手の大きさや体格によって微妙に変わるため、敢えて指番号は記入しておりませんが、この項目では基本的な運指のポイントについて説明します。
　まず手のポジションを決めます。例えば「ドレミファソ」や「ファソラシド」などの音域に手を置き、5本の指を各鍵盤にのせます（下図を参照）。この音域の範囲で弾けるフレーズはそのまま指を動かせばよいのです。
　また、ポジションを移動する際は、次に来る音域の最低音に第1指（親指）がくるように移動しましょう。親指は他の指と比べて動きは鈍いものの、物をつかむ動作には欠かせない指で、この指の位置を正しく決めることにより、安定したタッチと運指が得られます。

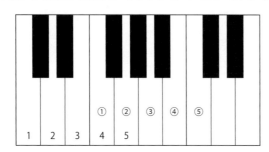

4. メロディと伴奏

多くの童謡のメロディは、日本語の抑揚を考慮し、韻を踏んだり、音の高低を決めています。旋律部分のフレーズは、2小節あるいは4小節のまとまりで構成されています。本書の童謡編を例にとると、例「いぬのおまわりさん」では、「おうちを聞いても、わからない」と「なまえを聞いても、わからない」の各2文節に分けられます。これが句読点の位置がずれて、「なまえをき、いてもわからない」とまとめてしまうと、まさに"わからない"状態に陥ってしまいますね。日本語の持つ美しい響きや、整ったリズムを大切にすることを心がけて演奏しましょう。

伴奏について、これから取り組む曲が何調なのかを把握し、その調の主要3和音（ⅠⅣⅤ度）はどのように構成されているのか確認しましょう。それぞれの和音には違った性格や役割があります。

主要3和音のそれぞれ大まかなイメージは

　Ⅰ度：ホームポジション。フレーズ最初のⅠ度は、これからの動作に備えた「きをつけ」、
　　　　フレーズ最後のⅠ度は動作が終わって落ち着いた状態。
　Ⅳ度：両手を上にあげて少し背伸びをした感じ。
　Ⅴ(V_7)度：両手を広げ、片足立ち。ちょっと不安定で緊張しますね。

和声は和音の組み合わせが最も重要ですが、特にⅤ(V_7)度→Ⅰ度の動きをドミナントモーションといい、フレーズが閉じたり、結ぶ、終わる意味が強いのです。優しく語りかけるように終わる感じを出すためには、終わりの部分のⅠ度を丁寧に扱うようにしましょう。

5. ポリフォニー

バッハなどのバロック時代の作品の多くは、「メロディと伴奏」だけではなく、右手と左手が同時に旋律を奏で、その結果、和声を形成してゆく形態で書かれています。いつもは伴奏を担当する左手に、右手と同時にメロディが書かれていることにより、この形態が苦手な方も多くいらっしゃることでしょう。この様な場合、二部合唱をイメージすると、より身近に感じられると思います。

演奏する際は、メロディがどこからどこまでかを把握しましょう。このとき同時に対旋律の和声進行がどの様になっているのかを理解することも大事です。同じメロディであっても、和声進行がⅠ→Ⅴ度とⅤ→Ⅰ度であるのではニュアンスが全く変わってくるのです。

以上のようなことに注意しながら練習することで、より音楽に対する理解が深くなることでしょう。本書が、にこやかに歌う子供たちの笑顔を思い描きながら、素敵に楽しく弾けるよう練習するみなさんの一助になることを心から願っています。

（田中　宏明）

バイエルピアノ教則本より

F.バイエル
(F.Beyer)

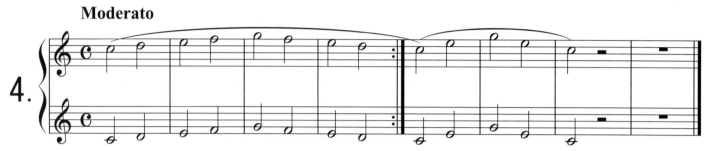

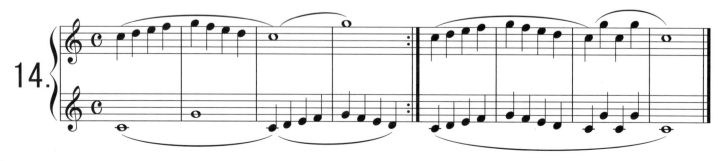

かわいいおともだち

F.X.シュワテル
(F.X.Chwatal)

グレーの小さなロバ

W.ギロック
(W.Gillock)

Spiritoso（元気に）

Fine

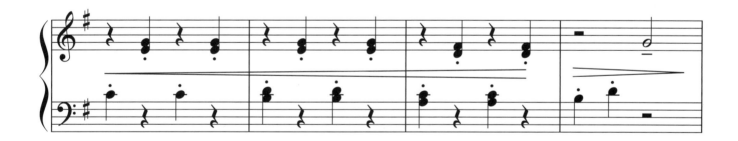

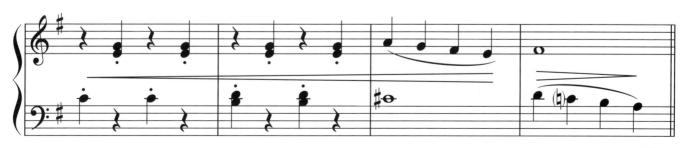

D.C. al Fine

すなおな心

25の練習曲 op.100より

F.ブルグミュラー
(F.Burgmuller)

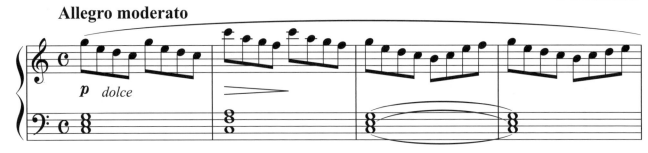
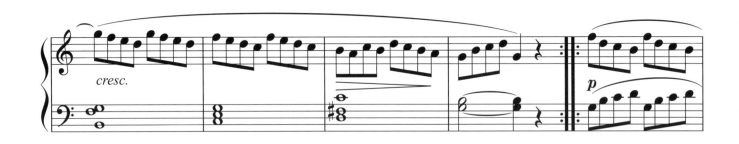

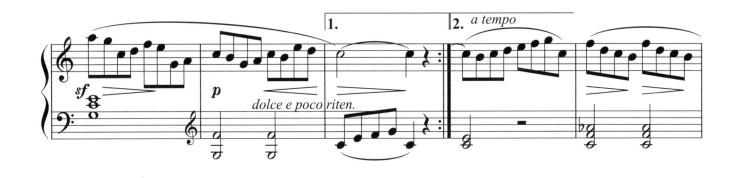

アラベスク
25の練習曲 op.100より

F.ブルグミュラー
(F.Burgmuller)

Allegro scherzando

小さなロマンス
こどもの音楽会 op.210より

C.グルリット
(C.Gurlitt)

TAMBOURIN OP.30 (from "ENFANTINES")
Music by Lazare Levy
© 1947 EDITIONS CHOUDENS-rights transferred to Première Music Group
All Rights Reserved.International Copyright Secured.
Rights for Japan controlled by K.K. MUSIC SALES

タンブラン
op.30-6

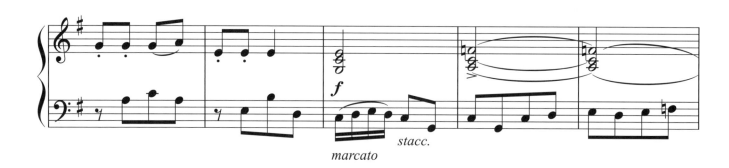

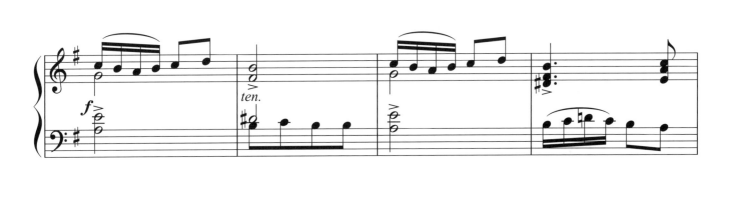

兵士の行進
こどものアルバム　op.68-2

R.シューマン
(R.Schumann)

小曲

こどものアルバム op.68-5

R.シューマン
(R.Schumann)

William Lawson Gillock : Flamenco
© 1963 by The Willis Music Company
Assigned to Zen-On Music Company Ltd. for Japan

フラメンコ

W.ギロック
(W.Gillock)

Intensely Rhythmic

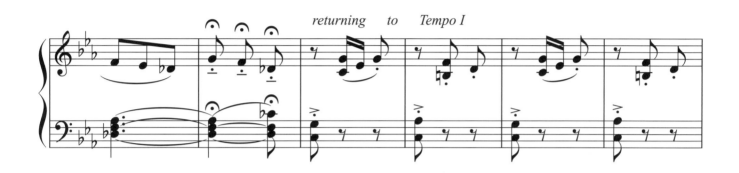

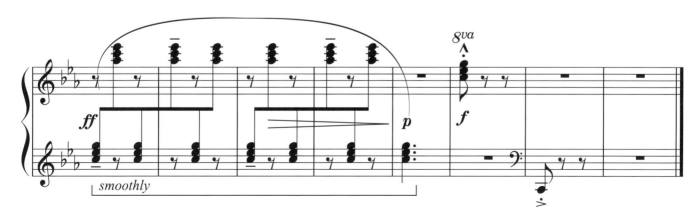

メヌエット

J.クリーガー
(J.Krieger)

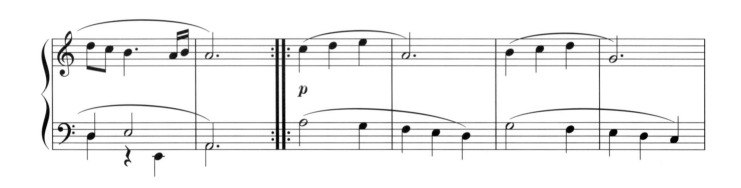

メヌエット
BWV Anhang 114

C.ペッツォールト（伝バッハ）
(C.Petzold)

小フーガ
第1番

※スラーはテーマを示しています。

■コラム：ピアノ演奏を楽しむ

　「音楽」という言葉は、「音を楽しむ」と書きます。みなさんはピアノを弾いている時に楽しさや心地よさを感じることがありますか？おそらく、みなさんの中には、そのように感じることができない人もいるかもしれません。それは何故かという点について考えていきたいと思います。

○「真面目に弾けば良いというわけではない」
　まず、原因の一つとして、「ピアノは真面目に弾かなくてはいけない」という既成概念に囚われているということが挙げられます。「クラシック音楽だから…」、「学校で勉強するものだから…」というようにピアノを弾くことに対して、少し身構えをしてしまってはいませんか？もちろん真面目に取り組むということは大事なことですが、「真面目＝楽しんではいけない」ということではありません。
　ピアノを弾くという行為は譜面に書かれている情報（音程や音価やリズムなど）を正確に弾くということだけでは不十分です。楽しい、悲しいなどの感情に関しては、なかなか楽譜で表すことができません。しかし、その楽譜で表すことができない部分が、音楽では重要な要素の一つとなります。楽しくピアノが弾けている時は、その楽しさが聴いている人にも伝わります。「楽しい」、「心地よい」といった感情と共に、気楽にピアノを弾いてみましょう。

○「何を弾いているかわからない」
　ピアノを練習していると、頭がボーっとしてしまうことがありませんか？そのような時は多くの場合、「メロディーなどを繰り返し練習し、そのメロディーを構成している音が何の音か理解せずに、運指（指の動き）だけで覚えようとしている」ことが多いです。これは、別の言い方をすると、「頭を使わず、手だけで覚えている」という状態です。このような状態のときにはメロディーを「ドレミ」で歌いながらピアノを弾いてみることが難しくなります。自分が当てはまるかどうか、試してみましょう。
　この点を改善する方法の一つとしては、メロディーや伴奏部分の音を、文章を読むように音読する方法を挙げることができます。
　例えば、「大きな栗の木の下で」（イギリス民謡）の最初のメロディーを階名読みしてみると「ドードレミミソーミミレレドー」となりますが、これをスラスラ読めるまで音読します。スラスラと音読できるようになったら、実際にメロディーを弾いてみましょう。その際のコツは「ピアノを弾くために、手（指）を動かすという意識を弱め、メロディーを音読している意識を強める」ことです。うまくできると、自分が何の音を弾いているか、しっかりと認識しながら弾くことができます。

○「自分の心と体が一致していない」
　「よく弾けているのだけれど、何か物足りない」という時には、実際にメロディーを歌いながら練習してみましょう。歌うという行為は音楽表現の根本であり、私たちの音楽性をストレートに表現できる手段でもあります。
　歌いながらピアノを弾いてみると、ピアノでのメロディーの弾き方も変わり、生き生きとした音楽表現をすることができます。この際のコツも上記と同じように「ピアノを弾くために手（指）を動かすという意識を弱め、歌っているという意識を強める」ことです。実際に、ピアニストの中にも歌いながら演奏する人もいます。

（新海 節）

すみれ
op.99-1

L.ストリーボック
(L.Streabbog)

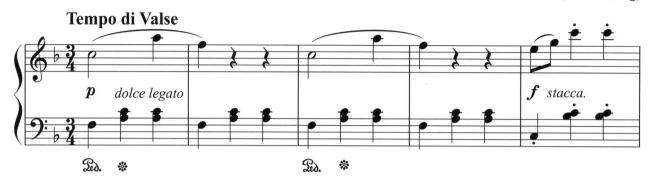

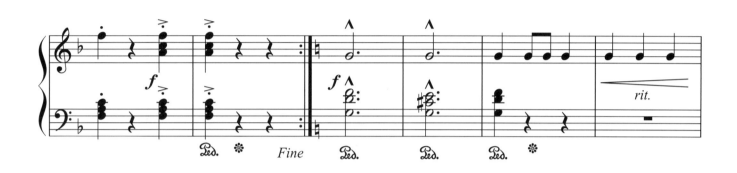

トッカティーナ
こどものためのピアノ小曲集より　op.27-12

D.カバレフスキー
(D.Kabalevsky)

Dmitry Borisovich Kabalevsky : Toccatina op.27-12
Copyright by Le Chant du Monde
Assigned to Zen-On Music Company Ltd. for Japan

舞踏の時間に

H.リヒナー
(H.Lichner)

AUTUMN SKETCH
Music by William L.Gillock
© 1958 by Summy-Birchard Music,A Division of Summy-Birchard Inc.
All rights reserved.Used by permission.
Print rights for Japan administered by YAMAHA MUSIC PUBLISHING,INC.

秋のスケッチ
叙情小曲集より

W.ギロック
(W.Gillock)

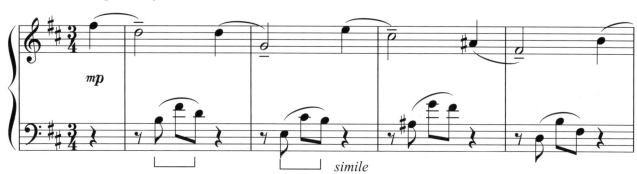
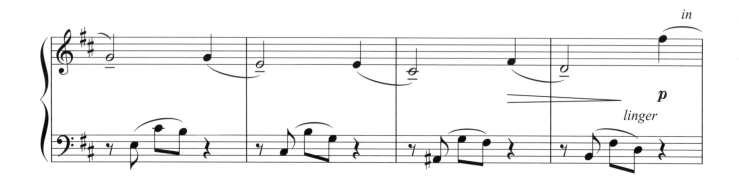

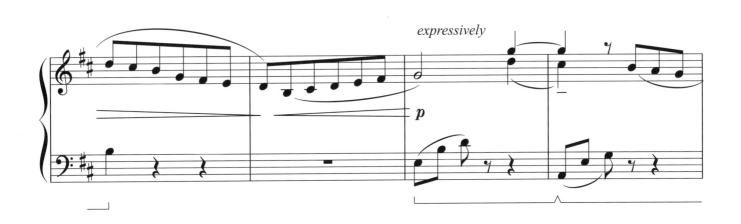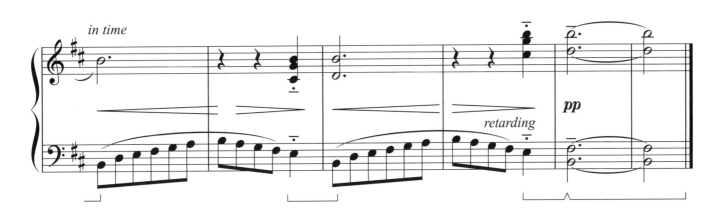

行進曲
こどものための音楽より　op.65-10

S.プロコフィエフ
(S.Prokofieff)

Tempo di marcia

バラード

25の練習曲 op.100より

F.ブルグミュラー
(F.Burgmuller)

タランテラ
25の練習曲 op.100より

F.ブルグミュラー
(F.Burgmuller)

ツェルニー リトルピアニスト
op.823より

C.ツェルニー
(C.Czerny)

ツェルニー　100番練習曲　op.139より

47. Andantino

紡ぎ歌

A.エルメンライヒ
（A.Ellmenreich）

ソナチネ
op.36-1 第1楽章

M.クレメンティ
(M.Clementi)

ソナチネ
No.5 第1楽章

L.v.ベートーヴェン
(L.v.Beethoven)

ソナタ
op.49-2 第1楽章

L.v.ベートーヴェン
(L.v.Beethoven)

ソナチネ
op.55-1 第1楽章

F.クーラウ
(F.Kuhlau)

ソナチネ
op.20-1 第1楽章

F.クーラウ
(F.Kuhlau)

ソナチネ
op.36-2 第1・2楽章

M.クレメンティ
(M.Clementi)

ソナタ

K.545　第1楽章

W.A.モーツァルト
（W.A.Mozart）

荒野のバラ

G.ランゲ
(G.Lange)

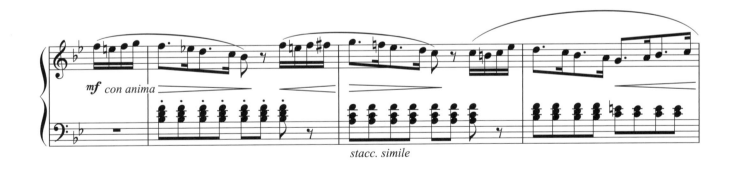

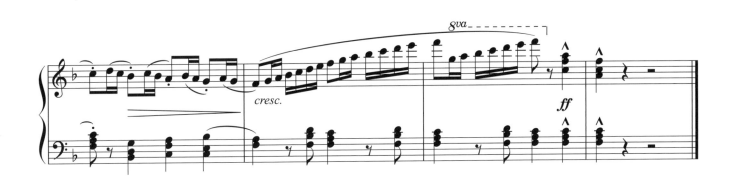

野バラに寄せて
op.51-1

E.マグダウェル
(E.MacDowell)

ジプシーの踊り

H.リヒナー
(H.Lichner)

エリーゼのために

L.v.ベートーヴェン
(L.v.Beethoven)

小さな黒人

C.ドビュッシー
(C.Debussy)

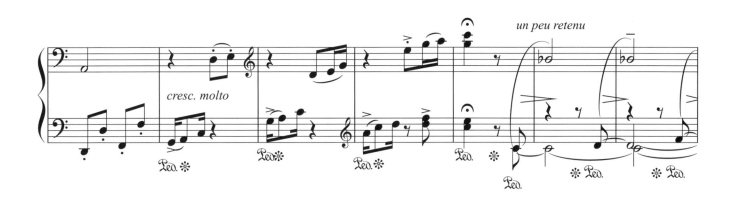
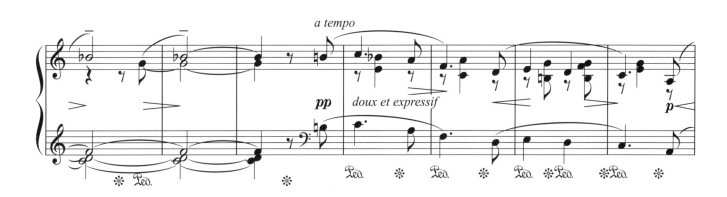

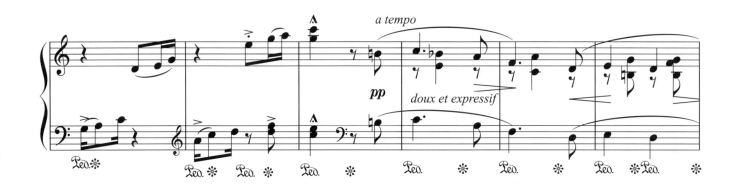

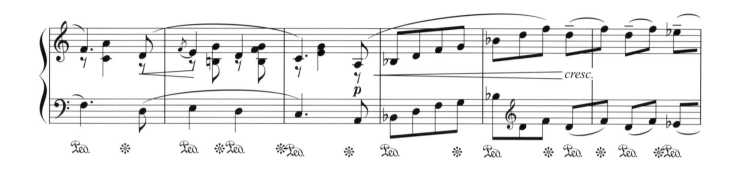

ワルツ
イ短調　遺作

F.ショパン
(F.Chopin)

ポロネーズ

ト短調　遺作

F.ショパン
(F.Chopin)

ワルツ『告別』
op.69-1

F.ショパン
(F.Chopin)

「コードネームを用いた伴奏付け」

　こどものうたの中にはメロディー部分の音符のみ書かれている楽譜もあります。このような場合、音符の上に「C」や「D」などアルファベットが書かれていることが多いです。

　これらのアルファベットのことを「コードネーム」と呼び、それぞれのコードネームはどのような和音を弾けばよいのかを示しています。ここでは、こどものうたで多く使われている「ハ長調」、「ヘ長調」、「ト長調」、「ニ長調」でよく使われるコードネームを学習します。以下はそれぞれの長音階の主要三和音と属七の和音です。

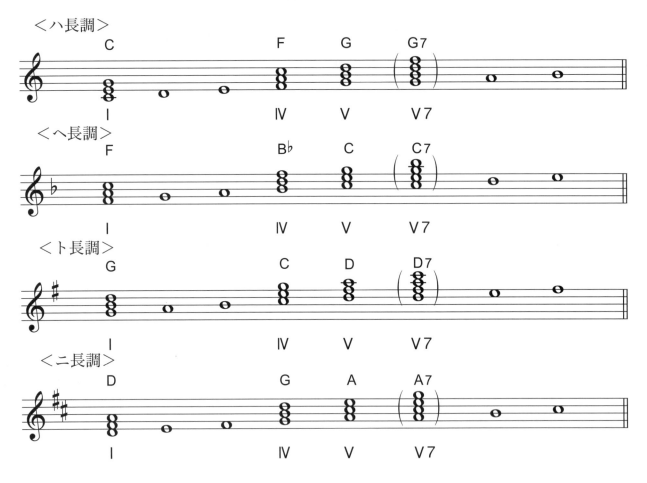

※長音階の音を三和音にしたときの1，4，5番目の三和音を主要三和音と呼びます。さらに、5番目の三和音に短三度上の音を加えた和音を属七の和音と呼びます。

　童謡などの子どもの歌では、この主要三和音と属七の和音が多用されています。それぞれの調の主要三和音及び属七の和音が何かを理解しておけば、子どもの歌の伴奏づけがスムーズにできるようになります。

　以下はそれぞれの長音階での左手で上記のコードを演奏するときの弾きやすい形です。

コードネームを用いた伴奏付け練習

ぶんぶんぶん（ボヘミア民謡）

きらきら星（フランス民謡）

こぎつね（ドイツ民謡）

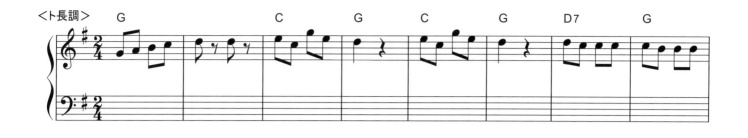

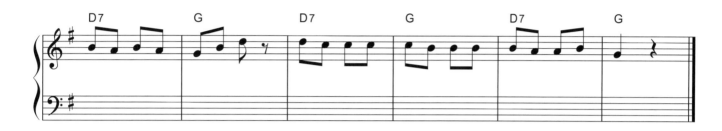

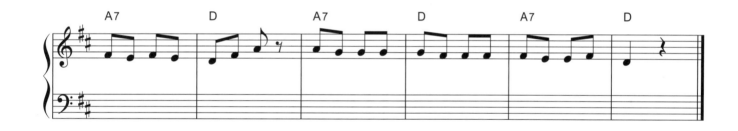

大きな栗の木の下で（イギリス民謡）

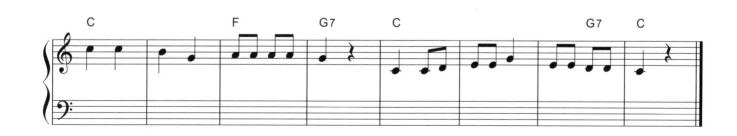

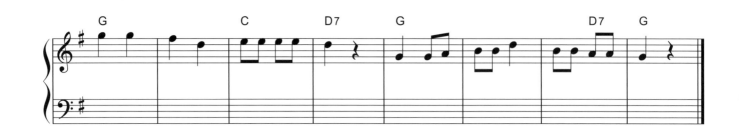

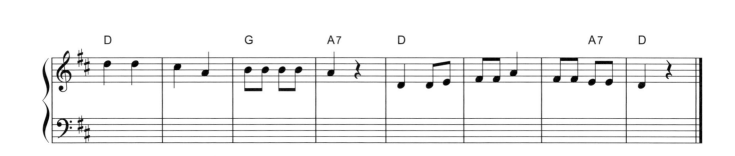

童謡曲編

■歌唱について

1．発声について

　皆さんは歌うことが好きでしょうか？この質問を養成校の学生や保育現場の先生方に聞くと、歌うことは好きだけど、あまり自信がないと言う先生がかなりいます。そもそも歌い方についてあまりご存知ない先生が多く、おそらく声を出す発声に関してもよくわからない先生が多いのかもしれません。ここでは発声について触れたいと思います。

① 声区に関して

　声区とは、音域（低音域、中音域、高音域）によって働く諸器官、音色が異なることから分けられた感覚的な用語で、3つの声域に分けられています。低音域を胸声または地声、中音域を中声または喉声、高音域を頭声または裏声と呼んでいます。ただ、近年の音声学では軽い声区と重い声区というように二つに分けられている場合もあります。いずれにしても言えることは、低音域の時の歌い方で高音域を歌うのは幼稚園の子でも、大人であっても難しいということです。そのことを知らないため、高い声が出ない、もしくは調子はずれに歌ってしまうなど様々な問題が起きる時があります。声区を知ることで、問題が解決される時がありますので、必ず理解しておく必要があります。

　では、保育現場では主にどのような声で歌われているのでしょうか？わかりやすく言うとサッカーの試合の時によく応援している人たちが出しているような声で多くは歌っています。いわゆる地声を多く使って歌っていることが多いです。これは、喉を抑えつけたような声で、声帯にかなり負担がかかります。低音域では地声で歌うことはもちろん可能ですが、高音域では地声で歌うことはできません。具体的に言うと一点ヘから二点ニまでの間で、徐々に頭声に変えていくことが必要になります。ここでいう頭声とは柔らかく抜けた響きのある声のことを言い、例としてはウィーン少年合唱団が歌うような歌声です。保育者を目指している方でも、中学校、高校で合唱部の経験がある人はその時の歌声を思い出してください。合唱部の経験がなくても、一般的に小学校以上の音楽教育では頭声発声を主に使いながら歌を歌います。

　ではなぜ幼稚園、保育園などの保育現場では地声が多く使われるのでしょうか？元来、日本では木造建築の建物で生活していたので、残響の乏しい環境が地声の文化をつくりました。また狭い空間で生活していたこともあり、喉の開きが狭く母音の響きが浅くなるので、喉を抑え付けるようにして声帯に頼る声の出し方をしていたのです。これらのことから、皆さんにぜひ気を付けてほしいのは、発達途中の子どもたちに、喉に負担がかかるような声で歌うことを促すようなことは控えてほしいかと思います。ただ、地声がすべて悪いというわけではなく、その音域に合った声の出し方をうまく使いこなせるよう声かけしてほしいと思います。

② 呼吸法に関して

　日本の数多くある児童合唱団では、呼吸に関しての指導の中で、「あくびの喉の形をしたまま息をはく」「息の流れを止めず、息が一定に流れるように」「背中にも息が入るように」「吸

気は鼻から吸って」「腰に手をあて、息を吸う。その時目を生き生きと開け顔の表情を豊かにする」「深い息を心がけ、おなかの支えをしっかりと」というような声かけを使っているようです。この声かけを見ても、保育の現場でよく使う「口を大きく開けて」という促しをしていないことがお分かりになるかと思います。そもそも人は息を当然していますので、そのことに関し意識するのではなく、腹式呼吸ができる姿勢を考えれば自然に呼吸できます。あとは息の圧力を調節するためのブレス・コントロールをするだけだとお考えください。では腹式呼吸とはどのような呼吸でしょうか？ほとんどの人は横になって寝ているときには自然に腹式呼吸をしています。ですが立ったり、座ったりした状態で意識しないで腹式呼吸を行うのは難しいかと思います。立ったり、座ったりした状態でも腹式呼吸をするためには、腹筋、臀筋（お尻の筋肉）を意識することが必要です。その時に背中が曲がっていては、うまくできないので注意しましょう。腹筋、背筋が弱い人は、上半身（肩、首）に余計な力が入ってしまうのでその点も注意しないといけません。

2. 弾き歌いの時の歌唱ポイント

皆さんは弾き歌いの時、ピアノのことばかり気にしてはいないでしょうか？そもそも弾き歌いのピアノの役割は、歌を補い助けて音楽的な効果をあげることです。そのためには、子どもたちの模範となるように、音程・リズムを正確に歌うこと、言葉が明瞭に聞こえるように保育者が歌って示すことが大切です。

①こどもの顔を見ることはもちろん大切ですが、保育者の顔、表情も見せるようにしましょう

どうしてもピアノを弾きながら歌を歌うと、言葉が不明瞭になったり、子どもの顔を見る余裕が持てなくなったりしてしまいます。ですが、子どもはその曲がどのような曲なのか、保育者の表情で感じ取ることがあります。また言葉の発音も保育者の表情から読み取るときがありますので、ピアノが苦手であるのであれば、まずはアカペラもしくは右手だけ弾いて、子どもの前で歌うなどしながら工夫してみてください。

また、保育者の顔、表情を見せるためには、ピアノの置く位置も考えましょう。ほとんどの園では壁側にピアノを置いているかもしれませんが、可能であればその位置を移動したら子どもたちの歌声も変わるかもしれません。

②ピアノと保育者の声のバランスを考えましょう

保育者自身が大声で叫ぶように模範唱していたら、子どももその歌い方を真似してしまいます。保育者の歌う声の大きさには特に気を付けて歌いましょう。また、伴奏であるピアノもやや控えめに、ペダルの使い方にも気を付けて弾かないと、子どもが怒鳴るようにして歌う原因になりますので、気を付けてください。

3. 歌唱指導のポイント

発表会、お遊戯会近くになると、現場の先生方からたくさんの質問が寄せられます。その中で質問の多い悩みを抜粋して、おすすめしているポイントを下に書きます。本番が近くな

るにつれて、先生方はイライラしたり、つい声かけも乱暴になったりしがちです。ですが、発表会で歌うということに関して先生方は適切な声かけ、促しをしていますでしょうか？そもそも歌は一人で歌うことも楽しいですが、聴いてくれる人に歌詞を通して想いをストレートに伝えることが出来る唯一の音楽です。発表会を通して、誰かに自分たちの歌を歌う喜びを、聴いてくれる人に伝える喜びを子どもたち自身が感じていなければ、ただ歌わされている歌にすぎません。普段の練習から心を育むような保育者の働きかけがなければ、歌うことの意義を子ども自身も見出すことはできないので、十分に気を付けましょう。

①怒鳴ってしまう子に対する指導について

子どもが怒鳴って歌うということには必ず原因があります。保育者側に原因がある場合が多いのですが、皆さんは怒鳴ったような声＝元気がいいと勘違いしてはいないでしょうか？驚くことに、怒鳴って歌うことが当然だと思っている先生がかなりいらっしゃいます。発表会などで保護者に指摘されたり、研修会、研究大会等で他の先生に指摘されたりして、気が付く先生もいらっしゃいます。まずは、怒鳴ったような声＝元気がいいという考えを少しずつ変えなければいけません。なお、歌を教えるときに、「元気よく」「大きな声で」という声かけをかけていませんか？その言葉をきっかけに怒鳴る子どももいます。

また、伴奏を大きく弾いたり、リズムや音程を取ることが難しい曲を歌ったりした時にも、怒鳴ることがあります。ぜひ指導方法を工夫しながら歌ってほしいのですが、保育者の声も大きすぎる声で歌うと、子どもたちが無理に出そうとしてしまいます。なるべく保育者は模範となる程度にし、子どもがお互いに声を聴きあえるような活動にしてください。なお、歌の活動はほとんどクラス単位で行っている園が多いと思いますが、たまに異年齢で歌唱活動をすると、お兄さんお姉さん方のきれいな歌声を真似して歌おうとする子どももいます。1か月に1回程度でも、異年齢での歌唱活動をすることをおすすめします。

②音程が取れない子への指導について

現在養成校で使われている歌唱の本の多くは、子どもにとっては高すぎる楽譜が多いと言われています。二点ホ、二点変ホぐらいだと、3,4歳児にはかなり高い音といえます。まずは、1の「発声について」で述べたように、声には声域というものがあって、高い声は頭声で歌う技術を身に付け、その音域に合った声を出すことが音程を正しく歌うための近道と言えましょう。また、音程が取れない子は自分の声を聴いていない場合もあります。可能であればマンツーマンで、保育者が声を少しずつ聴かせながら音を取れるようにする方法もあります。高い音と低い音の区別を耳で感じ取らせ、粘り強く教えることはとても大切なことです。なお、保育者自身も正しい音程で歌うことは大前提です。

③発声練習について

現場の先生方に、歌う前に発声練習をしていますか？と聞いたところ、ほとんどの先生がしていませんでした。特に朝歌う「あさのうた」は朝起きてからそんなに時間が経っていないため、注意が必要です。個人差はありますが、人は目覚めてからおおよそ4,5時間で起きると言われています。完全に目覚めていない状態で、大声で歌うと声帯が炎症を起こしやすくなってしまいます。早朝から無理に大きな声で歌うことは強制しないでください。

なお、子どもの発声練習はよくある合唱部等の発声練習（母音で音階を上がっていくようなもの）ではなくてもいいかと思います。イメージとしては運動をする前の準備体操のようなものです。まずは口を開けたり、アイウエオの母音を口の形を気にしながら発音したり、早口言葉を話したり、深呼吸をしたりなど、楽しみながら簡単な準備運動をして歌うだけでもかなり変わってきますので、ぜひ試してください。

④歌う姿勢について

　皆さんは歌う姿勢について子どもたちに声かけしていますでしょうか？現場の歌の活動を見学に行くと、立ったり、座ったり、体育すわりをしていたり、しゃがむ姿勢で歌っていたり、後ろに手を組んで歌っていたり、いろいろな姿勢の子どもたちを目にします。まず、後ろに手を組んで歌うと姿勢がよくなったように見えますが、腕の筋肉は肩、首とつながっているため、両手を後ろに組んで固定していると声帯の周囲の筋肉も後ろに引っ張られ、歌うための筋肉を働かせるのに時間がかかってしまいますので、あまりお勧めしません。また、体育座りをして歌うことは、おなかに負担がかかってしまい、声を出すにはふさわしくなく、しゃがんで歌うことも背中が丸まってしまうのであまり向いていません。なるべく背すじがまっすぐなるような姿勢で立って歌うことをお勧めします。

⑤言葉の発音について

　日本語の母音「アイウエオ」は西洋の「アイウエオ」に比べ、喉の開きが狭いとお話ししましたが、それ以外にも特徴があることはご存知ですか？日本語は唇を動かさなくても話せる言語で、口元の筋肉を大きく動かさないのが特徴です。特に苦手なのは「ウ」の母音で、西洋人より浅く発音しています。また、「あっち」や「そっと」のように促音を話すことも難しいと感じるようです。その他撥音「ン」は西洋では音価を持っていませんが、日本語の「ン」は1音として音価を持っています。あと原則的に語頭は濁音となり、『小学校』のような語中の「ガ」は鼻濁音となります。

　そのほかにも日本語は1音節1字・1音・1母音となっているためフレーズをつなげることが難しいと言われています。ですが、ぶつぶつ切れてしまうと美しくないので、ハミングで歌ってみるとか、母音だけで歌ってみるなどつなげて歌う練習をしてみてください。いつもノリのいい曲ばかり選ばず、昔から歌われているゆったりした童謡にも取り組み、フレーズの最後まで丁寧に歌い、心を込めて歌うということを子どもの時からできるようにしてほしいと思います。

（松井　亜樹）

参考文献

『調子はずれを治す』村尾忠廣　音楽之友社　1995
『小学生の発声指導を見直す』岩﨑洋一　音楽之友社　1997
『美しい日本語を歌う』大賀寛　カワイ出版　2005
『日本語を歌おう！藍川メソッド』藍川由美　カワイ出版　2011
『改訂2版　幼児の音楽教育法』吉富功修・三村真弓　他　ふくろう出版　2012

アイアイ

相田裕美　作詞
宇野誠一郎　作曲
佐藤奈都美　編曲

あわてんぼうのサンタクロース

吉岡 治 作詞
小林亜星 作曲
小杉 恵 編曲

一ねんせいに なったら

まど・みちお 作詞
山本直純 作曲
若狭玲衣 編曲

いぬのおまわりさん

佐藤義美 作詞
大中 恩 作曲
相原啓寿 編曲

1. まいごのまいごの こねこちゃん　あなたのおうちは どこですか おう
2. まいごのまいごの こねこちゃん　このこのおうちは どこですか から

ち　をきいても わからない なまえ をきいても わからない
す　にきいても わからない すずめ にきいても わからない

うれしいひなまつり

大きな古時計

保富康午　作詞
ワーク　作曲
小杉　恵　編曲

おかあさん

田中ナナ　作詞
中田喜直　作曲
相原啓寿　編曲

おつかいありさん

関根榮一　作詞
團　伊玖磨　作曲
石橋克史　編曲

1. あんまり いそいで こっつんこ　ありさんと ありさんと
2. あいた ごめんよ そのひょうし　わすれた わすれた

こっつんこ　あっちいって ちょんちょん こっちきて ちょん
おつかいを

おなかの へる うた

おはよう の うた

田中忠正　作詞
河村光陽　作曲
若狭玲衣　編曲

おんま は みんな

中山知子　作詞
アメリカ民謡
田中宏明　編曲

1. おん ま は みんな ぱっ ぱか はしる ぱっ ぱか はしる ぱっ ぱか はしる
2. こぶ た の しっ ぽ ちょん ぼり ちょろり ちょん ぼり ちょろり ちょん ぼり ちょぼり

おん ま は みんな ぱっ ぱか はしる どう して は しる
こぶ た の しっ ぽ ちょん ぼり ちょろり どう して ちょ ろり

ことりのうた

与田準一　作詞
芥川也寸志　作曲
辻　千絵　編曲

1. こ とりは とっても うたが すき　かあさん よぶのも うたで よぶ　ピピピピピ
2. こ とりは とっても うたが すき　とうさん よぶのも うたで よぶ

チチチチチチ　ピチクリピィ

そうだったらいいのにな

井出隆夫　作詞
福田和禾子　作曲
曽根崎直子　編曲

さよならのうた

高 すすむ 作詞
渡辺 茂 作曲
石田まり子 編曲

ら　　　　　　みなさん　さ　よなら　さ　よう　なら　　　(またあした)
た)

おかえりのマーチ

たなばたさま

権藤はなよ　作詞
林　柳波　補作
下総皖一　作曲
須藤尚美　編曲

どんぐり ころころ

青木存義 作詞
梁田 貞 作曲
石橋克史 編曲

1. どんぐりころころ ドンブリコ
2. どんぐりころころ よろこんで

おいけにはまって さあたいへん　どじょうがでてきて
しばらくいっしょにあそんだが　やっぱりおやまが

こんにちは　ぼっちゃんいっしょに あそびましょう
こいしいと　ないてはどじょうを こまらせた

ちいさい秋みつけた

サトウハチロー 作詞
中田喜直 作曲
西條 暁 編曲

1.2.3. だれかさんが だれかさんが だれかさんが みつけた ちいさいあき ちいさいあき

ちいさいあきみつけた
めかくしおにさん てのなるほうへ すましたおみみに
おへやはきたむき くもりのガラス うつろなめのいろ
むかしのむかしの かざみのとりの ぼやけたとさかに

とんでったバナナ

片岡　輝　作詞
櫻井　順　作曲
梶野三重子　編曲

バスごっこ

ふしぎなポケット

まど・みちお 作詞
渡辺 茂 作曲
梶野三重子 編曲

1. ポケットの なかには ビスケットが
2. も ひとつ たたくと ビスケットは

ひとつ　ポケットを たたくと ビスケットは ふたつ　3. そ んな ふしぎな
みっつ　たたいて みるたび ビスケットは ふえる

ポケットが ほしい そ んな ふしぎな ポケットが

ほしい

ゆりかごのうた

北原白秋　作詞
草川　信　作曲
曽根崎直子　編曲

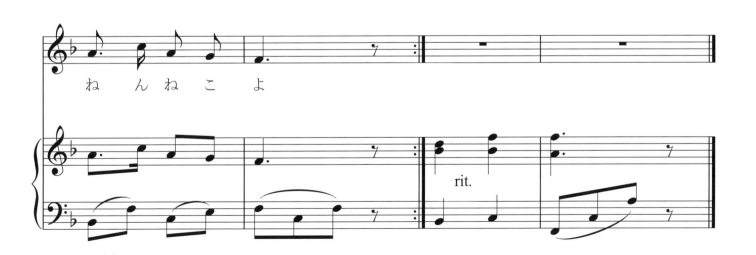

もりの くまさん

■保育と音楽表現

(1)「音楽表現」とは

　子どもにとって「音楽表現」とは、どのようなものなのでしょう。

　子どもは音楽が大好きです。そして、嬉しいことや楽しいことがあると、歌を口ずさんだり、手を叩いたり、踊ったり、体を揺らしたり、走ったりというような、身振り・動作・声・表情などを通して自分自身を表現しようとします。子どもたちにとって、音楽は自分の「思い」を表現する手段の一つとして重要な役割を担っているのです。

　一方で、「音楽表現」を音楽という一面から捉えるのではなく、様々な表現活動とともに取り扱うことも大切です。保育所保育指針（2008）の第１章（総則）には、「様々な体験を通して、豊かな感性や表現力を育み、創造性の芽生えを培うこと」とあり、「表現」の領域は、この項目をより具体化したものだと言えます。「多様な体験を通して」という部分から、特定の活動を中心に行うのではなく、様々な表現活動とともに総合的に取り扱うことが望まれていることが分かります。そして、これらの活動は「豊かな感性」と「創造性」を育むことを目標として行われるのです。

　子どもたちは様々な方法を混在させて表現することを楽しみますが、次第に特定の方法を中心とした表現が可能となります。それは絵画や製作であったり、音楽による表現であったりします。このような子どもの表現活動が、子どもの自由な発想やイメージにより楽しく繰り広げられていくことが重要です。保育者には、子ども一人ひとりの表現を受け止め、そのおもしろさや発想の豊かさに共感し、その工夫を十分に認め、子どもたちが表現することの楽しさを味わっていくことができるよう配慮することが求められます。保育者がこれを"大人の感覚"で捉えてしまうと、行き過ぎた技術指導等に陥る危険性がありますので気をつけなければなりません。

(2) 唱歌・遊戯（遊嬉）の始まり

　我が国の幼稚園や保育所では、音楽的な表現活動（当初は唱歌・遊戯／遊嬉）はいつ頃から行われるようになったのでしょうか。日本の幼稚園教育は、明治９年11月に東京女子師範学校附属幼稚園（現お茶の水女子大学附属幼稚園）の開園により始まります。ここでは、ドイツ人松野クララ（1853-1931）を首席保母、豊田英雄（1845-1941）らを保母として、20種の恩物を中心とした、唱歌、遊戯、説話、体操等を含むフレーベル主義の保育が行われました。同10年７月に、東京女子師範学校は「幼稚園規則」を制定し、保育の科目のほか年齢に応じた３種類の「保育時間表」（表１）を定めました。この表を見ると、既に「唱歌」および「遊戯」の時間が設けられていることが分かります。

　このように，我が国では、幼児教育の始まりとともに、唱歌や遊戯などの音楽的な表現活動が行われていました。一方で、西洋音楽の文化が全く無かった当時、豊田らは唱歌の教材として「保育唱歌」を苦労して作成しましたが、雅楽調の曲が大半で子どもには馴染みにくいものであったようです。洋風唱歌（普段私たちがイメージする曲調の唱歌）に関しては、明治13年に来日したアメリカ人音楽教育家ルーサー・ホワイチング・メーソン（1818-1896）による指

導が始まるまで待つことになります。

（3）環境としての「音」や「音楽」

保育所保育指針解説書（2008）の領域「表現」の解説には、「子どもは毎日の生活の中で、身の回りの環境と関わり生活しています。その中で、美しいもの、不思議なもの、驚くようなものに出会い、いつも心を動かしています。こうした「心情」を豊かに持つことが、子どもの心の成長の基盤となります。」とあります。これを音楽的な観点で捉えた場合、子どもたちのあらゆる生活の中で、様々な形で音楽に触れられるような「音楽環境」が設定されることが望ましいと言えます。一緒に手遊びやリズム遊びを楽しむこと、やさしく歌いかけることや、音色の美しい楽器を選ぶなど、保育者として常に意識を向けたいものです。

また、同書には、「幼い子どもは、母親の胎内で聞いていた「拍」に安心感と親しみを持っているといわれています。わらべ唄や子守唄の拍子が母親の心臓の音と重なり、子どもに安らぎを与えていること、刺激の強い音楽や機械音に不安感を持つことなど、保育士等は子どもの環境としての「音」に敏感でなければなりません。」という解説もみられます。様々な騒音に溢れた現代社会であるからこそ、私たちは常にこのことを意識したいものです。

（三沢　大樹）

表1　東京女子師範学校附属幼稚園・明治10年当時の保育時間表の一部（文部省「学制百年史 五 幼稚園の創設」を基に筆者作成）

第一ノ組 小児満五年以上満六年以下	月	火	水	木	金	土
三十分	室内会集	同	同	同	同	同
三十分	博物修身等ノ話	計数（一ヨリ百二至ル）	一以下分数ノ理ヲ知ラシメ或ハ文字及数字ヲ作ル	唱歌	木箸細工（豆ヲ用ヒテ六面形及ビ日用器物等ノ形体ヲ模造ス）	木片組ミ方及粘土細工
四十五分	形体置キ方（第七箱ヨリ第九箱ニ至ル）	形体置キ方（第五箱）及ビ小話	剪紙及同貼付	形体積ミ方（第九箱ヨリ第十一箱ニ至ル）	形体積ミ方（第五箱ヨリ第六箱ニ至ル）	環置キ方
四十五分	図面及紙片組ミ方	針画	歴史上ノ話	畳紙	織紙	縫画
一時半	遊戯	同	同	同	同	同

但シ保育ノ余間ニ体操ヲ為サシム

参考・引用文献

『保育所保育指針解説書』　文部科学省　フレーベル館　2008
『幼稚園教育要領解説』　文部科学省　フレーベル館　2008
『学制百年史』　文部省　帝国地方行政学会　1972
『豊田芙雄と草創期の幼稚園教育』　前村晃他　建帛社　2010
『日本幼稚園成立史の研究』　湯川嘉津美　風間書房　2001
『保育内容シリーズ5　音楽』　谷田貝公昭他　一藝社　2004
『幼稚園教諭・保育士を目指す楽しい音楽表現』　高御堂愛子他　圭文社　2009

編著者・執筆者紹介

《編　著》

新海　節

　　国立音楽大学音楽学部音楽教育学科卒業。山梨大学大学院教育学研究科修士課程修了。昭和音楽大学伴奏研究員、帝京学園短期大学を経て、現在、藤女子大学人間生活学部保育学科准教授。全国大学音楽教育学会、日本音楽教育学会、日本音楽表現学会各会員。

田中　宏明

　　東京音楽大学、米国インディアナ大学音楽学部を経て、東京芸術大学大学院音楽研究科修士課程修了。96年第10回バッハ国際コンクール（ライプツィヒ）ピアノ部門ディプロマ賞、2003年札幌市民芸術祭奨励賞受賞。現在、藤女子大学人間生活学部保育学科講師。（社）全日本ピアノ指導者協会正会員。日本音楽表現学会、全国大学音楽教育学会各会員。

＊解説執筆

松井　亜樹

　　北海道教育大学札幌校芸術文化課程音楽コース卒業。同大学大学院教育学研究科修士課程修了。サンクトペテルブルグ音楽院マスタークラス修了。ルーマニア国際音楽コンクール声楽部門最高位。チェコ音楽コンクール声楽部門第3位。平成23年度札幌市民芸術祭奨励賞受賞。現在、札幌大谷大学短期大学部保育科専任講師。全国大学音楽教育学会会員。

三沢　大樹

　　国立音楽大学音楽学部音楽教育学科卒業。玉川大学芸術専攻科、北海道教育大学大学院教育学研究科修士課程修了。主な研究テーマは、保育者養成における「音楽リメディアル教育」で、青年期における音楽教育のあり方について実践的な研究を行っている。

　　函館医療保育専門学校を経て、現在、函館短期大学専任講師。日本音楽教育学会、日本保育学会、国際幼児教育学会各会員。全国大学音楽教育学会理事。

＊童謡楽譜編曲

相原　啓寿・石田　まり子・石橋　克史・梶野　三重子・小杉　恵・西條　暁・佐藤　奈都美・須藤　尚美・曽根崎　直子・辻　千絵・若狭　玲衣

> ほどよいレベルで弾ける
> **保育者のためのピアノ＆童謡曲60**
>
> | 発　　　行 | 2015年3月1日　初　版　第1刷発行 |
> |---|---|
> | 編 著 者 | 新海　節・田中　宏明 |
> | 発 行 者 | 佐藤　照雄 |
> | 発 行 所 | 圭文社 |
> | | 〒112-0011　東京都文京区千石2-4-5
TEL：03-5319-1229　FAX：03-3946-7794 |
> | 編集・制作 | （株）恒亜印刷デザイン部 |
> | 印刷・製本 | （株）恒亜印刷 |
> | | ISBN978-4-87446-078-8 |

日本音楽著作権協会（出）許諾第1500427-501号
（JASRAC）

（許諾番号の対象は、当該出版物中、当協会が許諾することのできる著作物に限られます。）

本書の無断複写・複製・転載を禁じます。

落丁・乱丁本はお手数ですが、お送り下さい。送料弊社負担でお取り替えいたします。